童眼识天下 科普馆

GAO DA DE SHU MU

高大的树木

童心〇编绘

化学工业出版社

·北京·

编绘人员：

王艳娥	王迎春	康翠苹	崔 颖	王晓楠	姜 茵
李佳兴	丁 雪	李春颖	董维维	陈国锐	寇乾坤
王 冰	张玲玮	盛利强	边 悦	王 岩	李 笪
张云廷	陈宇婧	宋焱煊	赵 航	于冬晴	杨利荣
张 灿	李文达	吴朋超	曲直好	付亚娟	陈雨溪
刘聪俐	陈 楠	滕程伟	高 鹏	虞佳鑫	

图书在版编目（CIP）数据

童眼识天下科普馆.高大的树木 / 童心编绘 . —北京：
化学工业出版社，2017.8（2024.9 重印）
ISBN 978-7-122-30202-1

Ⅰ.①童… Ⅱ.①童… Ⅲ.①常识课 - 学前教育 -
教学参考资料 Ⅳ.①G613

中国版本图书馆 CIP 数据核字（2017）第 164576 号

项目策划：丁尚林	责任校对：王 静
责任编辑：隋权玲	封面设计：刘丽华

出版发行：化学工业出版社(北京市东城区青年湖南街13号 邮政编码100011)
印 装：北京建宏印刷有限公司
889mm×1194mm 1/20 印张4 2024年9月北京第1版第7次印刷

购书咨询：010-64518888 售后服务：010-64518899
网 址：http://www.cip.com.cn
凡购买本书，如有缺损质量问题，本社销售中心负责调换。

定 价：25.00元

在树木的王国里，生活着各种各样的"居民"。树木是所有木本植物的总称，它们通常长得又高又大，是植物们的"哥哥姐姐"！

如果你认为大树并不美丽多彩，那你应该去见识一下梧桐树的优雅、樱花树的梦幻、柳树的轻盈和枫树的绚烂；如果你认为大树不够搞怪，那你应该去认识一下能长出面条的面条树、会爆炸的炮弹树、怕痒痒的紫薇树。除此之外，树木家族还有许多有趣的成员，长着粗粗树干的猴面包树、香气四溢的香樟树，能预测地震的合欢树……

树的作用可不少，净化空气、防风固沙、美化环境，有的树还能制成生活用品和药物呢。看到这些，你是不是想去了解树木王国呢？那就走进《高大的树木》一书吧，它会带你近距离领略树木的风采。

目录
CONTENTS

58

18

24

78

挺拔的树中王子——木棉树

木棉树高大挺拔，就像一位高贵的王子。瞧！一树红色的木棉花正热闹地开着，多像夺目的王冠呀！

先开花再长叶

木棉树非常与众不同，一般的树都是先长叶再开花，但木棉树却是先开花后长叶。3、4月份的时候，橘红色的木棉花就绽开了灿烂的笑脸，在这之后，叶子才会慢吞吞地长出来呢。

注意！我的树干上有刺

仔细观察，你有没有在木棉树的树干上发现很多小刺？它们长得就像一颗颗小肿瘤似的，难道是木棉树生病了吗？别担心，这些小刺是木棉的防御武器，叫作"瘤刺"，有它们在，调皮的小动物就会离木棉树远远的。瘤刺会一直陪着木棉树慢慢长大，等到木棉树变老了，它们才会从树干上脱落。

花絮随风飘

　　木棉树的果实中藏着一个小秘密——它们包裹着白色的花絮。在果实成熟裂开之后，这些花絮就会带着木棉树的种子随风飘远，等找到合适的地方，它们就落地生根，开始新的生命旅程。

果中钙王树——酸角树

小朋友，你吃过酸角吗？你知道酸角是从哪儿来的吗？快看！这里有株酸角树，就是它结出了酸溜溜的酸角。

观赏首选

酸角树颇具观赏性，它的花很漂亮，是淡黄色的，上面还有紫红色的条纹，远远看上去，就像是一只只翩翩起舞的蝴蝶。不仅如此，酸角树四季常绿，它的树冠就像是一把半展开的大伞。它茂密的枝叶郁郁葱葱，形成一道独特的风景。

灰褐色的"大衣"

酸角树长得漂亮又高大，不过仔细看看它的树干，却有一些美中不足：那树皮是灰褐色的，上面还有些开裂，这让它的树干看上去非常粗糙，就像穿了一件质量很差的大衣似的。

酸角——"果中钙王"

酸角树的果实是酸角，它们一串串地挂在枝头，剥开棕褐色的外皮，里面就是酸溜溜的果肉。成熟的时候，酸角就变成了红棕色，味道酸酸的，非常有营养。酸角中钙的含量非常高，酸角因此有了"果中钙王"的美名！

叶子像针的松树

你知道松树是如何得名的吗？告诉你吧！这是因为它的树冠很独特，不像其他树那样紧凑，相反，还有些蓬松，于是，它就有了"松树"这样一个名字。

特别的叶子

松树有一个最明显、最容易分辨的特征——叶子长得又细又长，形状就像一根根针似的，我们还专门为它们起了一个名字，叫作"松针"。

四季常青的奥秘

松树一年四季都是苍翠常青的，你知道这是为什么吗？这就和松针有关了。松针的形状很特别，能很好地减少水分的蒸发。所以，当其他树的叶子都变得枯黄，甚至脱落的时候，松树却依然保持着苍翠的风采。

大家庭高个儿多

松树是一个成员众多的
大家庭，而且分布的地区非
常广泛。不仅如此，松树大
家庭的成员还都是高个子，
一般都能长到20米以上呢。

松脂保护我

别看松树平时一动也不动，其实它可聪明了，还懂得自我保护呢。松树的身上有一个特别的结构——树脂道，松脂就藏在里面。如果松树受到伤害，树干上出现伤口，松脂就会流出来，堵住伤口。

红松

红松是松树大家庭中的人气成员，它珍贵而古老，不仅能净化空气，结出来的松子还能作为小动物的食物呢。

黄山松

顾名思义，黄山松和黄山有密切关系。其实，只有在黄山独特的气候和地理条件下，黄山松才能长成现在的样子。黄山松是慢性子，生长慢悠悠的，甚至都有点儿迟缓。不过，它拥有顽强的生命力，即使在贫瘠的岩石中也能存活。

亭亭玉立的少女树——白桦树

要是问俄罗斯人最喜欢什么树？答案一定是白桦树。要知道，白桦树可是俄罗斯的国树呢！

树干最美

远远望去，白桦林中的白桦树就像是一个个亭亭玉立的少女，白桦树的树干是白色的，挺拔优美，看上去端庄又秀气。伸出手去摸一摸，还会发现它们的树皮并不粗糙，很光滑。

会飞的果实

白桦树的果实小小的，还很坚硬，有意思的是，它们还长着一对小翅膀呢！也正是因为这样，我们将这群有趣的小家伙叫作"翅果"。风儿吹过，翅果就"挥动"着翅膀随风飞走了，它们会飘得很远很远，如果遇到合适的土壤，就会在那里生根安家。

顽强的生命力

白桦树是非常积极向上的树，它们不仅热爱阳光，而且生命力顽强，生长速度也很快，海拔400～4100米的山坡或林地中，都能看到它们的美丽身影。

果实酸溜溜的山楂树

瞧！前面有几株高大的山楂树，嫩绿的叶子下是红彤彤的小果子，它们十几颗聚在一起，看起来别提多亲近了。

小心！我有小刺！

山楂树的树枝长得很密集，这让它们看起来很茂密，树枝上还长着很多小刺，那是山楂树保护自己的武器，如果不小心被它们扎到，一定非常疼。

高个子的适应达人

山楂树的适应能力强，即使在非常贫瘠的土地上，它们也能顽强地生长，而且长势比其他树木都要好！山楂树在果树中算是高个子，同样是果树，如果要比个头的话，苹果树和桃树都会是山楂树的手下败将哟。

酸酸的山楂

小朋友，你爱吃山楂吗？它们是山楂树的果实，这群小家伙个头不大，有着红红的脸蛋，上面还有一些小斑点，就像一个个小圆球似的，看上去真是又可爱又俏皮。山楂的味道酸溜溜的，是促进消化的好帮手呢。

优美的树中明星——梧桐树

小朋友，你知道凤凰吗？那可是传说中的"百鸟之王"。据说，凤凰只栖息在梧桐树上。梧桐树什么样？怎么有这么大的魅力呀？咱们快来认识一下！

明星梧桐

　　为什么说梧桐是树中明星呢？这是因为它姿态优美，是声名远扬的观赏树。梧桐树的树干挺直光滑，而且非常粗壮，树皮是绿色的，表面十分光滑。梧桐满树都是茂盛的树叶，大大的叶子也漂亮极了。

一身好本领

　　梧桐树真称得上是树中的全能王，它不仅外形美观，是人们喜爱的观赏树种，同时，它还很实用：梧桐树的树干可以造纸；种子能炒着吃，还能榨油；用梧桐木制作的乐器更是精品。除此之外，它的生命力还十分顽强，很容易就能存活下来，而且寿命很长，一般都能活到一百年以上。

梧桐果实的秘密

　　梧桐树的果实有一个名字，叫作蓇葖（gū tū）果，这些果实成熟后就会裂开，里面藏着2～4枚种子，这些小家伙长得可有趣了，表面竟然有皱纹呢。它们还有一个名字，叫作梧桐子，还是一味中药呢。

分布最广的适应高手——杨树

要说在树木大阵营中，谁适应环境的能力最强，那杨树一定能得到提名。不仅如此，杨树的分布范围也很广，还是个成员众多的庞大家族，包括胡杨、白杨、青杨等成员。

好多眼睛

杨树的树干很粗糙，上面就像长了一双双眼睛似的，那是杨树的伤疤。你一定感到很好奇，这是怎么回事呀？原来啊，在杨树还小的时候，人们会将它身上多余的枝杈都砍掉，这样，杨树才能长得又高又直，而砍掉枝杈之后留下的伤口，就慢慢变成了我们看到的"眼睛"啦。

哎呀！"毛毛虫"

春天从杨树下经过，你是不是都会有些担心？因为一阵春风吹过，就会有"毛毛虫"从树上掉下来，真吓人！先别怕，仔细瞧一瞧，你就会发现那根本就不是毛毛虫，而是杨树的变态果皮，名字叫杨絮。

杨絮的旅行

对柳絮，你一定不会感到陌生，在温暖的春日，柳絮会轻飘飘地随风飞扬。其实，杨树上也有杨絮呢！杨树的果实成熟后就会裂开，之后，杨絮就会带着杨树的种子四处漂泊，等找到合适的地点，它们就会在那里繁育小杨树啦！

青杨

中国是青杨的天堂，在这里，青杨的种类最多、分布最广，占据了杨树总量的一半以上。在青杨还是小树的时候，它们的树皮是青绿色的，随着它们慢慢长大，树皮就变成了灰白色。

美丽的胡杨

胡杨是新疆最古老的树种之一，被维吾尔人称为"托克拉克"，意思是"最美丽的树"。胡杨不仅有漂亮的模样，还有顽强的品格。有人曾夸胡杨是"三个三千年"：活了三千年不死，死了三千年不倒，倒了三千年不朽。

沙漠宝树——胡杨

胡杨生长在沙漠之中，抵御干旱和风沙的能力可强了，将它称作"沙漠守护神"，真是一点儿也不为过。顽强的胡杨凭借强大的生命力维持着沙漠的生态平衡，还能防风固沙，作用可真不小。

23

春天的使者——樱花树

小朋友，你喜欢樱花树吗？满树的樱花在春天绽放，那一朵朵樱花从白色、淡红色转变成深红色，当樱花花瓣纷纷扬扬地落下时，那景色真是美极了！

短暂的美丽

　　樱花树开花的时候非常灿烂，但可惜的是，樱花的花期非常短暂，一两个星期之后，就会全部凋谢了。虽然樱花凋谢得很快，但是那鲜亮的叶子，优美的树干，繁茂的枝丫，依然让樱花树保持着美观的外形。

晚樱真美

　　樱花有很多品种，晚樱就是其中之一，它的姿态优美，就算是在"美人"众多的樱花树大家庭中，也出类拔萃。晚樱的花瓣很大，摸起来很柔软，而且还是娇艳的红色呢。虽然和早樱相比，晚樱开花的时间要晚半个多月，但是，它也是在叶子长出来之前花先绽放，一簇簇的花排列在树枝上，成为春天最美的景色。

香气四溢的香樟树

假如你从香樟树下走过，一定会被它特别的香气吸引。抬起头，仔细观察，那茂密的枝叶，高大的树冠，别有一番气势呢！

我的身上有香味

香樟树浑身上下都散发着一股特别的香味，这种香味能净化空气，还可以把虫子赶得远远的。你有没有想过，它为什么会这么香呢？告诉你吧，这是因为香樟树体内含有一些化学物质——松油二环烃、樟脑烯、柠檬烃和丁香油酚等，正是它们，让香樟树散发出了独特的香味。

为什么春天落叶？

咦？快看！春天本来是生机勃勃的季节，可是香樟树怎么落叶了？难道它们生病了？别担心，这是正常的现象。春天是香樟树的集中换叶期，香樟树在这个时候落叶属于正常的新陈代谢。要知道，只有老叶掉落了，新芽才能快快长出来。

红色的嫩芽

老叶掉落了，香樟树新生的嫩芽冒了出来，走近仔细瞧瞧，你一定会发出这样的疑问：这些嫩芽怎么是红色的呀？其实，这是花青素变的戏法，是它将嫩芽染成了红褐色。等到嫩芽慢慢长大，叶绿素就会大展身手，让它们全都变成绿色啦！

稀少的木材珍宝——紫檀树

小朋友，你知道紫檀（tán）树吗？这可是一种本领超群的树，无论是做家具，还是做饰品，它都是非常优良的材料呢。

表里不一的树干

紫檀树的树皮是灰色的，但是，如果我们有透视镜，就会发现，树皮包裹下的树干有着不同的颜色：外围部分是黄色或白色的，中心的部分则是红色的，我们将这个部分叫作"心材"。紫檀树的心材在空气中暴露一段时间之后，还会出现有些发紫的红褐色条纹呢。

坚硬的木中奇珍

紫檀树的木质非常坚硬，而且密度很高。如果把一块紫檀木放进水里，它肯定会立刻沉到水底，因此，紫檀树是制作家具和饰品的优良材料。不仅如此，因为紫檀树非常稀少，所以异常贵重，在木材界称得上是响当当的明星成员哟。

紫檀树长得慢悠悠

紫檀树的生长速度缓慢，要想让它长成一棵粗壮的树，可能要等很多年才行。有一句俗话叫"百年寸檀"，说的就是紫檀树要长粗一寸，需要上百年的时间呢！虽然这是一种夸张的说法，但由此可见，紫檀树的生长速度真的是太慢啦！

慷慨的猴面包树

猴面包树？这个名字可真奇怪！难道树上还能长出面包吗？还别说，这种树上真的能长出猴子喜欢吃的"面包"！不信的话，就一起去瞧一瞧吧！

猴面包树不仅名字奇怪，长相更是怪极了！它长着巨大的、像桶一样的树干，树杈更是奇奇怪怪的，好像是树根一样，远远望去，还以为是树根长在头顶上的"倒栽树"呢！

30

猴子的"面包"

猴面包树的果实像个巨大的葫芦，每当果实成熟时，猴子、猩猩就会成群结队地赶来，爬到树上摘果子吃。"猴面包"不仅深受小动物们喜爱，经过烹饪后，还能成为人们餐桌上的美味佳肴呢！

储水的"生命树"

倘若有人在热带草原中迷了路，而且走得干渴难忍，如果这时候见到猴面包树，那真是太幸运了。粗粗的树干是猴面包树的储水桶，每到雨季，猴面包树就会使劲儿吸收水分，撑得树干圆鼓鼓的，这时只要在树干上切一个小口，猴面包树就像是打开了的"水龙头"，清泉会喷涌而出。因为这样，猴面包树还被称为"生命树"呢！

飘香的四季常青树——桂花树

如果要评选最香的树，那桂花树一定能入选，桂花树的香气非常浓郁，据说还能飘到十里之外呢。

真香呀！

桂花可真香呀，只要从树下经过，似乎就能沾上一身甜甜的香味儿呢！想知道桂花这么香的原因吗？这就要从桂花香气的成分说起，桂花中包含着多达几百种挥发性化合物，其中包括了青草香、苹果香、甜橙香等香味儿，很多种不同的香气融合在一起，就形成了我们闻到的桂花香。

"常青树"什么样

桂花树喜欢生长在温暖的地方，它的树皮是灰褐色的，树枝是黄褐色的，上面长着一年四季都绿油油的叶子，用手轻轻摸一摸，滑溜溜的，正是它们，形成了桂花树飘逸的姿态。

发达的树根

在桂花树高大的树身下，是十分发达的根，它们能深入到地底深处，寻找到充足的水分和养料，让桂花树长得又高又好。桂花树的根很长很长，是黄褐色的，和它们树枝的颜色很像。

"怕痒痒"的紫薇树

小朋友,你听说过这样一种树吗?它长得很美,枝繁叶茂,满树的花儿开放后就像霞光一样。不仅如此,它竟然还"怕痒痒"!你一定好奇这到底是什么树吧,告诉你,它就是紫薇树。

怕痒树"怕痒痒"

紫薇树还有一个好玩的名字，叫作"怕痒树"，因为它对振动很敏感，只要有人轻轻碰一下树干，它的枝叶就会摇动起来，就好像是怕痒似的。

未解之谜

紫薇树为什么会"怕痒痒"？关于这个问题的答案，说法有很多：有的人认为紫薇树的树干中有一种神奇的物质，这种物质可以敏锐地感受到我们的触摸，还能传递到枝叶上，引起紫薇树的摇动；有的人认为是因为紫薇树的树冠很大，相比之下，树干就显得有些细长，这使得它的身材有些头重脚轻，所以不太稳定，容易晃动……

光滑的树干

紫薇树可爱美了，它每年都会长出新的树皮，然后老树皮会脱落，就好像换上一件新衣。如此频繁地"换衣服"有一个好处，那就是使得树干一直非常光滑，就连善于攀爬的猴子都爬不上去呢。

美丽的花朵

　　紫薇树的名字可真不少，除了"怕痒树"之外，它还有一个非常好听的名字：满堂红。这是因为紫薇树的花儿非常好看，每朵花上都有六片花瓣，就像一个轮盘似的，每当开花的时候，满树都是艳丽的花儿。

抗污染能手

　　紫薇树除了外形美观，还有一项本领，那就是抵抗污染。要知道，它不仅能够抵御二氧化硫、氟化氢等有害气体，还具有非常强大的杀菌能力。

桑树一身好本领

桑树也许看起来并不起眼，但是它身上的每个部分都很有用：果实是美味的水果，叶子是喂养蚕的好食物，树皮还能造纸，真是"树不可貌相"呀！

桑树外衣厚

桑树的树皮很厚，就像穿了一件厚厚的灰色外衣，只不过，这件"外衣"上面有一条条浅浅的裂纹。即便如此，这也不影响它的使用价值：桑树的树皮是造纸的好原料。

美味的桑葚

小朋友，你吃过桑葚（shèn）吗？它是桑树的果实，没成熟的时候是青绿色，成熟以后就变成了红色或者暗紫色，当然也有比较特殊的品种是乳白色的。轻轻咬上一口，满嘴都是桑葚酸酸甜甜的果汁。仔细观察一下，桑葚是由很多小果粒组成的，这些果粒的名字叫"核果"。

桑叶也有用

桑树的树叶叫作桑叶，它的轮廓和鸡蛋很像，顶端有些尖，边缘有一圈小小的锯齿，如果拿的时候不注意，还有些扎手呢。不过蚕可不怕这些，桑叶是它们最爱的食物。将桑叶放到蚕的旁边，它们立刻就会蠕动着肉乎乎的身子爬到桑叶上，大口大口地吃起来，没一会儿就能消灭一片桑叶。

天然的遮阳伞——榕树

　　有这么一种树，一棵就能形成一片树林的效果，为大家提供阴凉。小朋友，你知道这是什么树吗？告诉你吧，它就是榕树。

遮阳好去处

　　榕树的树干很粗壮，能达到十几米粗呢！树枝也积极地向周围伸展着，这就使得它的树冠很大，能遮挡阳光。难怪榕树下会成为遮阳的好去处。

一棵榕树就是一片树林

　　一棵榕树之所以能形成一片树林的效果，主要归功于榕树的气生根，它们是从榕树的树枝上长出来的，就像悬挂着的一根根胡须，它们会越来越长，直到钻进泥土里。在土壤养分的滋养下，气生根会越长越粗，甚至会长得和树干差不多粗。在这个过程中，榕树的覆盖范围也越来越大，最后就形成了一片树林般的壮观景象。

顽强的种子

　　榕树每年都会结果实，但是和它庞大的树身相比，榕树的种子就非常小了，只有一粒黄豆那么大，看上去普普通通，一点儿也不起眼。然而，它们却拥有非常顽强的生命力，即使是在环境恶劣的悬崖峭壁，也能坚强地发芽、生长。

挂满"灯笼"的栾树

唉，这是什么树？怎么还挂着一个个"小灯笼"呀？告诉你吧，这是几株栾（luán）树，因为它们的果实看上去很像灯笼，所以它们还有一个名字——"灯笼树"。

"小灯笼"大揭秘

仔细瞧一瞧，"小灯笼"到底长什么样？它真的像灯笼一样，中间空空的，外面有三片果皮包裹着。没有成熟的时候，这些"灯笼"果实是淡淡的黄绿色，等到成熟之后，就变成了红褐色。而且，"小灯笼"里还藏着秘密呢！那里面有一个个小黑球，是栾树的种子。

黄色的花雨

栾树的花朵是金黄色的，在底部有一圈红斑，细长的花瓣伸展着，花蕊也探出了头。栾树的花儿长得很密集，在枝干上紧紧簇拥在一起，就像一团团黄色的火焰，到了落花的季节，从树上飘飘洒洒地落下来，就像一阵黄色的雨。

黑色的叶子

栾树还有一个名字，叫作"黑叶树"，这个名字又是怎么回事？原来，别看栾树的树叶是绿色的，但是如果把它和白布放在一起煮，就能将白布染黑色，因此栾树的叶子还能当黑色的染料呢。

能染色的昂贵国宝——柚木

很多树木都是优质的木材，但是你知道木材中的"万木之王"是谁吗？告诉你吧，答案就是柚木。

"万木之王"

柚木有着"万木之王"的美名，它质地非常优良。事实上，柚木作为木材可是世界闻名的，因为它具有很强的耐腐蚀性，而且还很耐磨，适合做地板和船上的甲板。不仅如此，柚木散发着金黄色的光泽，还长着天然的花纹，看上去高雅气派极了。柚木这样难得，怪不得缅甸把它当作国宝呢。

国宝的模样

柚木的树干挺拔顺直，能长到 40 米高。它的叶子是椭圆形的，非常大，翻过背面来，你会发现很多灰黄色的小毛毛，不仅如此，它的树枝上也长着毛毛呢。

我会染色

柚木还会染色？没错，如果用手将柚木的叶子揉碎，就会有血红色的汁液将手指染红，而且短时间内很难洗掉，所以，柚木还多了两个名字——"胭脂树"和"血树"。

45

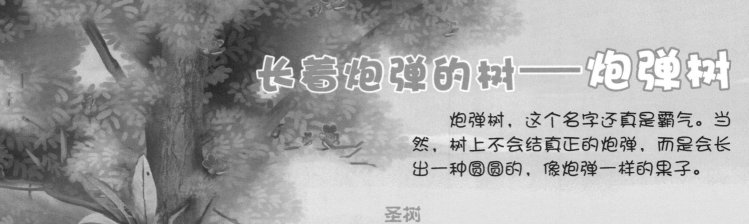

长着炮弹的树——炮弹树

炮弹树，这个名字还真是霸气。当然，树上不会结真正的炮弹，而是会长出一种圆圆的，像炮弹一样的果子。

圣树

印度教徒认为炮弹树是圣树，因为它的花看起来像娜迦——神话中印度的龙，所以炮弹树经常被种植在湿婆神庙宇。

会爆炸的果子

炮弹树的果实味道可不怎么样，果肉黏稠，还有一股异味，不仅如此，如果小鸟啄开果皮，炮弹果就会立刻"爆炸"，果实的种子和果肉就会弹向四面八方，没准还会击中附近的小动物呢。

绚丽的花

炮弹树的花很大，而且非常艳丽，直接长在树干或老枝上。这些花很香，但是却没有花蜜。

柳丝轻盈随风飘

春天来了！我们总是能在小河边、院墙外发现一株株柳树，它们长长的枝条低垂着，还会随着微风摆动舞蹈呢。

柳絮飞啊飞

瞧，天上飘着的是什么？难道是下雪了？告诉你吧，这是柳絮。仔细观察一下，柳絮白白的，毛茸茸的，和雪花真是太像了。其实，柳絮外面是一团软乎乎的绒毛，里面可是藏着一个小秘密呢：它们包裹着柳树的种子，种子的模样小小的，一般是黄褐色或淡淡的灰黑色。这些种子会选择合适的时机，轻轻落在泥土中生根发芽。

柳树其实很强大

别看柳树看着好像很柔弱，其实它可坚强了，不仅容易成活，而且能够适应各种恶劣的环境，拥有强大的生命力。不仅如此，它美妙的姿态也为美化环境做出了贡献呢。

旱柳

听名字就能知道旱柳的特别之处，没错，旱柳忍耐干旱的能力非常强，就算是在较为缺水的地方也能存活。它长着广阔的圆形树冠，显得很丰满，是柳树大家庭中的一名重要成员。

垂柳

柳树是一个大家庭，其中，垂柳是我们生活中常见的一位成员。它细长的枝条就像一根根轻盈的丝带低垂着，微风拂过，它们随风摇摆，就像是在和我们打招呼呢。你认真观察过垂柳的叶子吗？它们的形状是细长的，周围还有一圈细细的锯齿。

下垂有原因

垂柳大多生长在水边，这里的土壤又松又软，要是有特别大的风吹过，垂柳的根就会有不稳定的危险，于是，聪明的它们想到了这样一个办法——让枝条垂落下来，这样就稳当多了，即使大风袭来，它们也不会轻易倒下。

墨绿色的圆锥体——柏树

唉，前面怎么有一排墨绿色的"大圆锥"？小朋友们可要睁大双眼，别看错了，那可是一排柏树呀！不过远远看上去，它们倒真是和圆锥有一些相像呢。

树中先锋

柏树可称得上是树中的先锋，它们不仅不畏惧干旱，还能抵抗寒冷，它们伟岸挺拔的身影是冬天的一道独特风景。除此之外，它们对土质也没有太多的要求，就算是贫瘠的土地，它们也能坚韧地扎根生长。

高个子家族

柏树们的个头可真不低，随便找到一株柏树，它的身高都能长到 20 米呢，还有一些特殊的成员，能长到五六十米高。柏树家族果然都是高个子呀！

慢性子的柏树

　　柏树的生长速度有些缓慢，不过，先别为它们着急，要知道，柏树是树木中的老寿星，一般能活 1000 多年呢，陕西黄帝陵的轩辕柏，据测定已经有 2000 多岁了。有趣的是，"年纪"越大，柏树生长的速度就会越慢。

特别的叶子

和其他树木相比，柏树的叶子形状很特别，就像是一片片小小的鳞片。叶子的颜色是黄绿色或灰绿色的，质地比较脆，很容易折断。

柏树的生长

让我们来好好观察一下柏树吧，它们长着红褐色的树皮，上面通常都会开裂，脱落下来的树皮是一节节的小竖条。柏树的分枝很多，这让它们的枝叶显得非常浓密，看起来充满了生机和活力。在柏树还小的时候，树冠通常都是圆锥形的，像是一个个小尖塔，但是，等柏树慢慢长大，树冠的样子就变成了一个个宽阔的圆形。

香味有大用

经过柏树的时候，请放慢你的脚步，仔细闻一闻，空气中是不是有一股淡淡的香味儿？这清香是柏树散发出来的，主要成分是莰萜（sōngtiē）和柠檬萜，可别小瞧了它们，这两种物质的本事可不小，不仅能把细菌、病毒消灭得干干净净，让周围的空气得到净化，还能让我们的心情和精神变得放松呢。

高高的树上莲花——玉兰树

咦，莲花还能在树上开放？别不相信自己的眼睛，还真有这么一种树，它开出的花儿和莲花很像，它就是玉兰树。

先开花，后长叶

如果仔细观察，你就会发现，玉兰树是先开花后长叶。这是怎么回事呀？告诉你吧，其实道理很简单，这是因为玉兰树的叶子生长时，需要的温度比较高，而相比之下，玉兰花所需要的温度就比较低。所以在早春时节，我们就先看到玉兰花在枝头绽放啦。

"莲花"树上开

细细看这满树的玉兰花，是不是觉得很眼熟？没错，玉兰花和莲花有些像，都长得纯净而高雅。玉兰花有白色和紫色两种，它们的花瓣大大地伸展着，色泽清亮，干干净净地在枝头绽放，是早春中一道美丽的风景。

树皮的秘密

想要知道眼前的玉兰树是年轻还是衰老吗？树皮来帮你揭开答案。小玉兰树的树皮是灰白色的，不仅摸上去很平滑，而且很少有裂纹。不过当玉兰树变老的时候，可就不一样了：不仅树皮的颜色变成了深灰色，还会变得粗糙起来，并且纷纷裂开。

树中老寿星——银杏树

银杏树是声名远扬的"长寿树"，它的寿命很长，而且非常古老，它还有"活化石"的美名呢。

奇特的"公孙树"

银杏树还有一个很奇特的名字——公孙树，这是什么意思呢？原来，银杏树生长的速度可慢了，一般来说，在自然条件下，从栽种到结果，要等待二十多年，而要想结出很多果子，那要等四十多年。"公孙树"的意思就是，我们现在栽种下银杏树，只有留给子孙们品尝果实了。

历史悠久的"活化石"

银杏树很古老，早在几亿年前，地球上就出现了它们的身影，虽然后来它们中的大多数都已经灭绝了，但还是有一部分银杏树坚强地存活下来，而且还保留了一些原始的特征，也正因为这样，我们才将银杏树叫作"活化石"。

什么是白果?

白果其实就是银杏树的果实。它们可是一群营养丰富的小家伙，矿物质、维生素、氨基酸都能在白果中找到。不过大家一定要牢记，白果虽好，但是却含有一些有毒物质，生食或食用过量会中毒，所以一定要吃熟的白果，而且要少吃哟。

坚韧的树中"大丈夫"——榆树

谁是树中的"大丈夫"？这个名号恐怕只有榆树能担得起。为什么这么说呢？快快走进榆树的世界看看，聪明的你一定能找到答案！

"榆木疙瘩"

为什么把榆树叫作"榆木疙瘩"呢？这可不是说榆树的身上长了一个个小疙瘩，而是说榆树的木质特别坚硬，尤其是接近树根的树桩部分，就像一块坚韧的木疙瘩一样，就算你用斧子用力劈，也很难把它们劈开，真像是铮铮铁骨的大丈夫。

还是"摇钱树"

榆树的种子长得又圆又薄，就像一串串铜钱挂在树上，它们还因此得到了一个名字——榆钱，而榆树也成了名副其实的"摇钱树"。一开始，榆钱是淡淡的绿色，一串串挂在树上，等到慢慢成熟之后，它们的颜色就会变成黄白色。榆钱很爽口，带着一股特别的清香，还很有营养呢。

树皮真粗糙！

光是看外形，就知道榆树绝对不简单。瞧，那深灰色的树皮粗糙极了，上面还有很多不规则的开裂，仿佛在向我们讲述一个个古老沧桑的故事。

生长迅速的白蜡树

我们知道，有的树可以结出好吃的果实，有的树可以散发出迷人的香气，但是，你听说过吗？竟然有一种树能够生产白蜡！这是怎么回事呢？快来见识一下吧！

白蜡从哪儿来？

能够生产白蜡的就是白蜡树，它是怎么做到的呢？原来啊，白蜡树之所以能生产白蜡，还要感谢一群小家伙——白蜡虫。人们将白蜡虫放养在白蜡树上，这些小家伙会吸取白蜡树的养分，然后分泌出一些物质，这些物质就是我们所说的白蜡了。

急着长大的速生白蜡

白蜡树家族有一个成员，名字叫速生白蜡，它可是急性子，生长的速度很快。但别以为长得快就影响它的木质，速生白蜡树长得很挺拔，木质也很好，柔软又坚韧，可以用来编制很多东西哟。

树皮能当药

白蜡树的树皮看上去不怎么起眼，长得和其他树没什么不同，颜色也是最普通的灰褐色，上面还有很常见的开裂。但是，你可能想不到吧，白蜡树的树皮还有另外一个名字，叫作"秦皮"，还是一味中药呢。

树皮中藏细丝的杜仲树

小朋友，有趣的树木有很多，但是你听说过吗？有一种树的树皮中竟然藏着一根根细丝呢！这是什么树？告诉你吧，它就是杜仲树。

好玩的树皮

提到杜仲树就一定要说说它的树皮。你知道吗？杜仲的树皮很神奇，如果你将一块树皮轻轻折断，就会发现有很多细丝出现。是不是很有趣？不仅如此，杜仲树的树皮还是一味非常珍贵的中药呢。

神奇的杜仲胶

不仅是树皮，我们在杜仲树的树叶、果皮、树根甚至种子中，都能发现白色的细丝，这些丝状的物质就是杜仲胶，是一种天然橡胶。

强大的适应力

杜仲树是中国的特产树，它长得非常高大，能达到 20 米呢。虽然杜仲树非常珍贵，但是它对生存的环境却一点儿也不挑剔，无论什么样的土壤，它都能昂扬地生长。正是这样的品格，让它成为同类树木中生长范围最广的成员之一。

结着"长寿果"的核桃树

小朋友，你爱吃核桃吗？想知道核桃是从哪儿来的吗？告诉你吧，它们就是核桃树结出的果实哟！

高大的核桃树

核桃树是一群高个子，而且树枝很粗，加上繁茂的树叶，使得它们的树冠变得很大。不仅如此，它们的寿命也很长，就算是一棵已经生长了100年的核桃树，仍然能结出很多好吃的核桃！

"长寿果"也是"聪明果"

你仔细观察过核桃吗？打开核桃的外壳，里面是黄褐色的果仁，上面有很多不规则的纹路，和我们的大脑有些像。核桃含有丰富的营养，因此还被誉为是"长寿果"，不仅如此，多吃核桃对我们的大脑也很有好处。

怕冷的小树苗

核桃树喜欢温暖湿润的环境，在它们还是小树苗的时候，就喜欢温暖，害怕寒冷，在寒冷的地方它们经常被冻坏。你知道这是为什么吗？这是因为它们的枝条中含有很多水分，一旦温度下降，这些水分就会在小树苗的身体里结冰，这样小树苗就不能好好长大啦。

最轻的树木——轻木

在遥远的南美洲，生长着这样一种神奇的树：它长得高高的，但是却非常轻，只要两个人就能轻松地将它抬起来。这种树的名字叫作轻木。

轻木身体轻飘飘

光是看名字我们就能猜到，轻木一定很轻，事实也的确如此，轻木号称是世界上最轻的树木。那么它究竟有多轻呢？这么说吧，一个普通的成年人就能搬起比自己体积大 8 倍的轻木呢，听起来可真神奇！

长得最快的树

轻木的本事可真多，它除了是最轻的树木，还是长得最快的树木之一呢，一年就能长到五六米高。更重要的是，轻木不仅长得快，还长得特别好，它又高又直的树干就是最好的证明。

走近轻木

　　抬起头来仔细瞧一瞧神奇的轻木，你会发现，它的叶子很大，白色的花也长得大大的，高高地生在轻木的上层。它的果实是长圆形的，里面是淡红色或咖啡色的种子，被一层绒毛包裹着，就像棉花籽似的。

热带神树——铁刀木

铁刀木是什么树？它可不一般，据说它非常坚硬，就连刀斧都砍不动。铁刀木真有这么厉害？如果不信的话，那就一起来瞧一瞧吧！

"挨刀树"的再生能力

铁刀木的名字可真是不少，它还有一个名字叫作"挨刀树"，之所以这么叫是因为铁刀木有一项特殊的本领，那就是将它的主干砍掉之后，铁刀木还能长出新的主干，不仅如此，还会越长越多呢。这可真神奇！想知道这其中的奥秘吗？原来，这是因为铁刀木具有很强的再生能力，受伤反而能让它生长得更好。

铁刀木开花了

铁刀木一年四季都是绿色的，而且枝叶繁茂，它开出的花儿是黄色的，生长在高高的枝头，5片小小的花瓣能开放很长时间呢。

我是"黑心树"

铁刀木还有一个名字，那就是"黑心树"。它为什么会有一个这么奇怪的名字呢？这是因为铁刀木的树干中心竟然是黑色的！看来"黑心树"这个名字还真是名副其实呢。

71

树上长"面条"的面条树

什么？面条树？难道还有能长出面条的树吗？没错，这可不是在开玩笑，还真有这种神奇的树呢，快来看看它是怎么做到的吧！

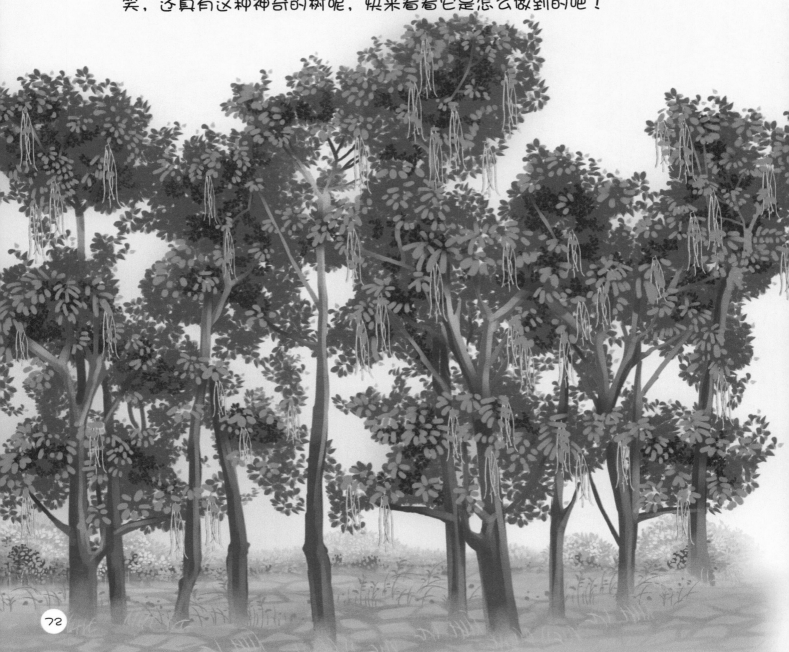

我也叫黑板树

面条树这个名字就够奇怪了，你一定想不到，它还有一个更奇怪的名字——黑板树，这又是为什么呢？难道它还能做黑板？你猜对了，正是因为面条树的木质特别适合做黑板，所以，它才有了这样一个特别的名字。

我能长出"面条"

面条树的果实形状很奇怪，是细细的长条形，最长的竟然能达到 2 米长呢，远远看上去就像是一根根面条悬挂在树上。不过，面条树之所以有这样一个名字，可不仅仅是因为它的果实长得像面条，还因为这些果实尝起来和面条也很像。面条树的果实成熟之后，人们会将它们摘下来晒干，等到要吃的时候，就放到水里煮一煮，搭配上美味的调料，味道和我们平时吃的面条几乎没什么区别。

注意！剧毒！

面条树上长出来的"面条"味道好极了，但是你知道吗？面条树也有点危险呢，假如我们一不小心把面条树的树皮划破了，那可一定要多加注意，因为它流出来的乳白色汁液是有毒的！

树中巨人——望天树

你知道望天树的名字是什么意思吗？告诉你吧，望天树的意思就是：只有高高仰起头才能看到树顶。可见望天树是个头很高的树。

望天树在哪儿呢？

望天树是热带雨林的标志，它们常常一片片地生长在一起，成为一道独特的风景。在我国，望天树是一种西南地区才生长的珍稀树种。

"林中巨人"

除了望天树这个名字，它还有一个名字，叫作擎天树。从这么威风的名字看，望天树一定是个高个子。事实也确实如此，一般的望天树都能长到40米到60米，最高的甚至达到了80米高呢。尽管身边都是高大的树木，但望天树还是以自己傲人的高度将大家甩在了身后，看来望天树还真是名不虚传的"林中巨人"呀。

珍贵的种子

别看望天树长得高，但它结出来的果实却少得可怜，而且它的果实一旦成熟，就会心急地"跳"到地上去。这样一来，很多种子就散落在地上腐烂了。所以，望天树的种子非常珍贵。

充满争议的"藏金树"——桉树

小朋友，你知道可爱的树袋熊平时都吃什么吗？答案是一种树叶，这种树叶就长在桉树上。

被误解的桉树

许多人认为桉树是有害的，还把它叫作"抽水机""吸肥器"和"霸王树"。桉树感觉委屈极了！其实它只是生长速度特别快，吸取水分和养料的能力很强，但是并不像人们说的那么可怕。

金叶子

按树能产黄金，这听起来似乎有点令人难以置信，不过却是事实。这一切都要归功于按树的根，它能深入到地下很深的地方去寻找水源，有的时候也会有一些意外发现，那就是金矿。按树的根可管不了那么多，它会把一些微小的金物质也吸过来，这些金物质就开始了在按树体内的旅行，最后汇聚到叶子上。按树也就成为了藏着黄金的树。

按树是个大家族

按树可不仅仅只是一种树哟，其实按树是个大家族，成员有几百位呢，它们中大多数成员的家乡在遥远的澳大利亚，而且个头都不小。按树的叶子是树袋熊最喜欢的食物。

季节"变色龙"——枫树

秋天到了，枫树的叶子变成了红色，像是一团团燃烧着的火焰，真是漂亮极了！你想知道这其中的奥秘吗？快来一探究竟吧。

枫叶的模样

你仔细观察过枫叶吗？它们的形状就像是一个个手掌。枫叶一般会有5个或者7个裂片，也有一种是3个裂片，不过上面会有几个突出的小齿。在加拿大的国旗上就有枫叶的身影呢。

秋天的魔法

为什么枫叶一到秋天就会变红呢？这是谁的魔法？其实道理很简单：我们都知道，树叶之所以是绿色的，是一种叫叶绿素的物质在帮忙。可是到了秋天，叶绿素就逐渐分解、减少了，这个时候，一种叫类胡萝卜素的物质就开始发挥作用了，它的颜色开始在枫叶上显现出来，于是，秋天的枫叶就变成了红色或者橙黄色。

枫树甜甜的

　　树汁就是从树的体内流淌出来的汁液，每种树都会有树汁，这并不稀奇，然而，枫树与众不同的地方是，它的树汁不仅多，而且滋味甜，还能制成美味的糖浆呢。

能预测地震的合欢树

小朋友们，你们知道含羞草吗？它特别敏感，用手轻轻一碰，叶子就会合上。有一种树和含羞草一样，叶子也能开开合合，这种树就是合欢树。

天然地震"观测员"

合欢树很敏感，甚至可以用于地震观测。在地震发生之前，合欢树会灵敏地做出反应——释放很大的电流。如果我们能及时"捕捉"到这些电流，就能对地震做出预测。

神奇的叶子

合欢树的叶子很神奇，在白天的时候打开，到了晚上就会悄悄合上。这是因为白天的时候，张开的叶子能接收更多的阳光，有利于合欢树生长；到了晚上，将叶子合上，可以减少热量的散失和水分的蒸发。不仅如此，如果有风雨降临，合欢树也会将叶子合上，它这是在保护自己呢。